AF247895

Oraison Funèbre

DE TRÈS-HAUT,

TRÈS-PUISSANT ET TRÈS-EXCELLENT PRINCE

LOUIS XVIII,

ROI DE FRANCE ET DE NAVARRE;

PRONONCÉE

DANS L'ÉGLISE CATHÉDRALE D'ANGERS,

le 15 Octobre 1824,

Par M. Louis-Jacques BRETON, ancien Professeur de Philosophie et Bachelier en Théologie dans l'ancienne Université de cette ville, et Curé de S.t-Maurice, dans ladite Cathédrale.

ANGERS,

L. PAVIE, IMPRIMEUR DU ROI, DE M. LE PRÉFET
ET DE M.gr L'ÉVÊQUE.

M. DCCC. XXIV.

Se vend 75 centimes, au profit du
Séminaire.

ORAISON FUNÈBRE

DE TRÈS-HAUT,

TRÈS-PUISSANT ET TRÈS-EXCELLENT PRINCE

LOUIS XVIII,

ROI DE FRANCE ET DE NAVARRE.

---

*Fleverunt cum planctu magno... et dixerunt :
Quomodò cecidit potens qui salvum faciebat
populum Israel !...* ı. Macc. 9. 20.

Quoi ! il n'est plus à notre tête, ce grand Monarque, ce fort d'Israël qui nous avait délivrés
de tous nos ennemis !... Louis xviii n'est
plus !... Pleurons, pleurons le Père de la
Patrie !...

O FRANCE infortunée, seras-tu donc toujours
en deuil ! Les gémissemens et les larmes sont-ils
désormais le funeste héritage de tes malheureux
Enfans ! Le crime de plusieurs, l'erreur du grand
nombre ne sont-ils pas encore expiés ! Grand Dieu !
pourriez-vous oublier à notre égard vos anciennes
miséricordes ! Votre justice enfin n'est-elle pas satisfaite !... Nous fûmes à la vérité horriblement

coupables devant votre Majesté sainte et devant votre Christ... *Pater, peccavi in cœlum et coram te.* Nous voulûmes vivre sans Dieu ; nous voulûmes nous gouverner sans Rois. Delà tant de crimes ! delà tant de forfaits ! *Lassati sumus in viâ iniquitatis.*

Mais, ô mon Dieu, ne nous sommes-nous pas assez punis nous-mêmes ! Notre gloire a tourné à notre honte ; nos victoires ont causé nos défaites, et nos propres triomphes ont multiplié nos malheurs !....

D'ailleurs, Seigneur, tous vos serviteurs n'ont pas fléchi le genou devant Baal : vous avez compté vos Elie, vos Judith, vos Esther, vos Mardochée, vos nouveaux Machabées ! Encore, au milieu de nos fureurs, le sang de l'Agneau sans tache coulait sur vos Autels, dans de nouvelles catacombes, et demandait notre grâce ; encore, aux pieds même de votre Trône, S. LOUIS sollicitait notre pardon.... Ici le Roi-Martyr désirait que son sang expiât tous nos crimes ; il vous disait comme votre divin Fils : *Pater, dimitte illis;* il pardonnait à ses bourreaux, et il défendait qu'on tirât vengeance de sa mort !... O mon Dieu, n'auriez-vous pas entendu la dernière prière de notre dernière victime : *Grâce, grâce à cet homme qui m'a frappé !*

Il nous semblait, Seigneur, que vous nous pardonniez. Vous nous aviez rendu nos Princes légitimes, et avec eux l'union et le bonheur. LOUIS

Le Désiré avait comblé tous nos vœux : il cicatrisait nos plaies et desséchait nos larmes ; il faisait régner parmi nous la justice et la paix ; il affermissait vos Autels et multipliait vos Temples ; il nous rendait notre antique gloire parmi les nations qu'il avait pacifiées.... Nous commencions à respirer ;... et vous nous l'enlevez, ô mon Dieu, au milieu de tant d'espérances ! Quoi ! vous nous punissez encore par la mort d'un si bon Roi ! *Quomodò cecidit, etc.!*

Rassurez-vous, Chrétiens auditeurs ; pleurez, mais calmez vos alarmes. Le Dieu de S. Louis est désormais et pour toujours réconcilié avec nous.... Ce n'est pas pour nous punir qu'il nous ravit notre Roi ; il sait combien nous l'aimions.... Mais, pour le récompenser de ses douleurs et de ses peines, de ses travaux et de ses fatigues, il l'enlève à ce monde qui passe, et lui donne le glorieux repos dans un monde meilleur qui durera toujours....

Cependant pleurez par amour et par reconnaissance, ô vrais enfans d'Israël ; vous avez perdu le bon, le sage, le vaillant Judas ! Mais dans votre douleur profonde, fixez vos yeux éplorés sur son auguste Frère ; regardez avec confiance l'intrépide Jonathas !... Il a partagé les travaux de son aîné ; il a partagé son zèle et son amour pour vous ; en succédant à son autorité, il apporte au même Trône le même esprit et la même gloire. C'est toujours un BOURBON qui ne veut, qui n'ambitionne que le bonheur de la France. *Et suscepit Jonathas principatum, et surrexit loco Judæ fratris sui.*

O Français, ô mes Frères, quelle consolation dans nos peines! quel regard de tendresse dans la providence de Dieu qui veut assurer notre félicité! Nous n'aurons plus à craindre de régences malheureuses.... plus de funestes interrègnes.... Oui, désormais le Trône des BOURBONS sera durable comme la France elle-même : héréditaire de mâle en mâle, par rang de primogéniture, il est notre sauve-garde, notre propriété, notre gloire, et sera l'orgueil de nos arrière-neveux.

LOUIS XVIII est mort; son unique Frère, CHARLES X, lui succède. Le ROI est mort, le ROI vit.... Vive CHARLES X long-temps! Vivent à jamais les BOURBONS!

C'est dans cette double affection de tristesse et de joie, que nous nous réunissons dans ce saint Temple, pour rendre nos hommages et nos adorations au DIEU immortel, au ROI des Peuples et des Rois, et pour payer une dette sacrée à la mémoire de LOUIS LE DÉSIRÉ que nous pleurons.

Rien de souillé ne peut entrer dans le royaume des Cieux; vous le savez, Chrétiens; vous savez aussi que le Souverain juge des vivans et des morts montre plus de sévérité, s'il est possible, quand il juge les Rois et les grands ; *judicium durissimum his qui præsunt fiet :* nous unirons donc nos prières, nos supplications, nos aumônes, nos bonnes œuvres au saint sacrifice de la Messe, pour expier, s'il en restait encore, les taches qu'aurait pu contracter notre bon Roi pendant sa vie mortelle.... Hélas! nous lui en avons donné tant d'occasions! Nous dirons avec confiance : DIEU de S. LOUIS, couronnez encore un de ses Petits-Fils; payez-lui au centuple tout le bien qu'il nous a fait; récompensez sa bonté, sa justice et sa foi.

Il fut *grand dans l'infortune, grand sur le Trône, grand à son lit de mort*; Seigneur, qu'il soit grand devant vous dans les siècles des siècles!

C'est le tribut de douleur, de reconnaissance et d'amour, qu'au nom de M.ᵍʳ l'Evêque, j'offre devant cette auguste Assemblée, vraiment française, à la mémoire de TRÈS-HAUT, TRÈS-PUISSANT et TRÈS-EXCELLENT PRINCE LOUIS XVIII, Roi de France et de Navarre.

MONSEIGNEUR ET MESSIEURS,

C'est dans l'adversité, dit le grand Apôtre, que la vertu s'épure et se perfectionne ; *virtus in infirmitate perficitur.* J'aurai donc exposé à vos yeux, dans tout leur jour, les hautes et sublimes vertus qui font les grands Rois et les Héros chrétiens, si, en parcourant avec vous les longues et pénibles épreuves qu'a essuyées S. M. LOUIS XVIII, je vous dépeins au naturel son admirable patience, sa constance invincible et son inaltérable dévouement, son tendre amour enfin pour les Français et même pour des ingrats. C'est ce que j'entreprends dans cette première partie de son éloge. Ce sont ses propres expressions que vous allez entendre ; c'est Louis-Stanislas-Xavier, Comte de Provence, qui vous parlera lui-même le plus souvent.

Né le 16 octobre 1755, du Grand Dauphin et de Marie-Josèphe de Saxe, qui firent l'un et l'autre sa première éducation, il montra bientôt un goût décidé pour l'étude des sciences et des lettres qu'il cultiva toujours ; une singulière vivacité à saisir le point de la difficulté dans les matières les plus ardues, et une facilité extrême à rendre ses idées et à faire comprendre aux autres ses conceptions précoces. Aussi, disait le Duc de Berry d'alors (devenu Louis seize) : Si nous sommes embarrassés par quelques difficultés, nous courons à mon frère de Provence ; aussitôt il dissipe nos doutes. On distingua surtout en lui une belle âme et un cœur sensible et généreux. Un jour qu'on racontait devant ce royal Enfant, qu'un vaisseau venait de faire naufrage devant l'une des îles Bissagos, près la côte de la Guinée, et que sept hommes de l'équipage étaient tombés au pouvoir des sauvages qui allaient les dévorer :... *Equipons vîte un vaisseau*, dit-il à ses frères, *et allons les délivrer.* Ce cri d'humanité, cet élan d'un jeune cœur furent applaudis à la Cour. Les ordres furent donnés ; deux vaisseaux sont équipés ; on part, on court, on vole, on arrive et à temps pour ramener sains et saufs les captifs infortunés. O admirable sensibilité ! ô vertu des grandes âmes, tu es innée dans les Bourbons !

Dès 1771, notre auguste Prince épousa Joséphine de Savoie, et trois ans après LOUIS XVI monta sur le Trône, en débutant par le rappel du Parlement, contre l'avis du Chancelier Maupeou, et malgré les judicieuses observations du Comte de Provence (appelé *Monsieur*, dès cette époque). Voici ses paroles remarquables : « Mon Frère et Roi, depuis » deux siècles les parlemens tentaient de ravir la » Couronne à vos aïeux. Le Chancelier que vous » venez d'exiler avait fait gagner le procès. Vous » venez de casser le jugement ; vous allez recom-» mencer la procédure. » Fatale prédiction qui ne s'accomplit que trop à la lettre, même avant 1793.

Monsieur partagea le temps de sa jeunesse entre l'étude et les voyages utiles. Les académies, les bibliothèques avaient pour lui mille attraits ; partout on rendait justice à ses talens, à ses connaissances et à ses saillies toujours fines et polies. Il trouvait d'aussi douces jouissances, en parcourant les diverses provinces du Royaume, pour montrer à tous les Français combien ils étaient aimés des Bourbons. Parlez, bonnes villes de Bordeaux, Toulouse, Toulon, Marseille, Avignon; dites - nous quelles marques d'amour ne vous donna pas ce Prince auguste qui devait un jour être votre Roi? Je dirai aussi, à votre gloire, quels furent votre zèle, votre enthousiasme, votre pompe à fêter un de nos Princes! Telle était, mes Frères, cette glorieuse réciprocité de sentimens qui faisait notre force et notre bonheur. Nos Princes nous aimaient, et nous aimions nos Princes. Jamais un Bourbon n'a pu se défier d'un Français. O France, ô ma patrie, qui a pu changer ton noble caractère, ta loyauté, ta foi? Les peuples voisins jalousaient ta prospérité et ta gloire; ennemis de tes vertus, ils ont corrompu tes mœurs; la licence a produit dans ton sein l'incrédulité.... O France, jadis si chrétienne, tu commences à disputer avec le Roi des Cieux, bientôt tu ne voudras plus de Rois sur la terre!

Nous commençons ici, Chrétiens mes Frères, cette suite déplorable de fautes, de crimes et de malheurs que nous voudrions, au prix de nôtre sang, effacer des pages de l'histoire; c'est aussi le commencement des infortunes de LOUIS XVIII.

Les Notables du Royaume sont appelés près du Roi, pour traiter des affaires de l'Etat; mais hélas! la plupart, entichés déjà de l'orgueilleuse philosophie, n'y vinrent que pour ébranler les fondemens du Trône, et bouleverser l'Etat lui-même. Un d'entre eux eut l'impudence de réciter avec morgue, dans le comité que *Monsieur* présidait, ce vers pompeux qui depuis a tourné tant de têtes : *La Couronne a ses droits, mais le peuple a les siens....* Et qui en douta jamais, mes Frères ? Nous le savions avant qu'il y eût de faux philosophes ; nous connaissions la vérité avant tous leurs mensonges ; nous savions que les enfans héritent des biens de leur père après sa mort, et que le père, pendant sa vie, se fatigue et s'use par amour pour ses enfans ; nous savions aussi ce que les enfans doivent à leur père. Nous savions que tous les membres du corps ont droit aux sucs nourriciers qui découlent de l'estomac ; mais qui pouvait douter que les membres doivent rester à leur place, et remplir avec docilité leurs humbles fonctions pour servir l'estomac ; sinon, la ruine de celui-ci fait périr tous les autres ? Aussi *Monsieur* répondit avec gravité et noblesse : *Renverser un Etat n'est pas le réformer.*

Le Roi convoqua les Etats-Généraux. On agite avec chaleur la trop fameuse question de la *double Représentation. Monsieur* sentit bientôt que c'était un parti pris par les Ministres, voulu par les Parlemens, soutenu par l'Armée. Il aurait été téméraire de s'y opposer ; il ne fallait donc plus s'occuper qu'à rendre la grande députation avantageuse, en la composant d'hommes graves et habiles, en opposition avec une poignée de factieux et de brouillons. Il en serait résulté, en suivant les mesures sévères *arrétées par le Roi,* un refuge assuré contre la tempête qui menaçait toute la France. Dans cette intention , et de concert avec LOUIS XVI, *Monsieur* donna sa voix *pour l'affirmative* , en consacrant son *vote* par l'expression même du Roi: *Si ma raison me condamne ,. mon cœur m'absout.* L'un et l'autre furent trompés dans leur attente. Delà tous nos malheurs , *indè mali labes !* Vous l'avez permis, ô mon Dieu! et pour l'instruction des Rois qui ne règnent que par vous et doivent vous faire régner plus qu'eux-mêmes, ... et pour l'instruction des peuples qui, livrés à leurs seuls conseils et à leur prudence toute humaine, ne sont jamais qu'un vaisseau sans gouvernail et sans pilote. *Per me Reges regnant, et legum conditores justa decernunt.... Meum est consilium et æquitas, mea est prudentia , mea est fortitudo.* Oui, Grand Dieu! à vous seul appartiennent la prudence et la force , le conseil et la justice; nous n'avons rien que nous n'ayons reçu de votre main libérale et puissante; nous ne sommes pas même nos maîtres. Nous formons votre domaine ; vous êtes le seul Seigneur, *tu solus Dominus.* Vous seul avez le droit de vie et de mort sur les hommes; les Rois de la terre ne reçoivent de votre sagesse qu'une portion de votre autorité, pour gouverner les peuples; votre religion seule peut sanctionner les lois qu'ils établissent dans leur conseil pour le bonheur de tous..... Ne le savions-nous pas, mes Frères, que la liberté n'est donnée à l'homme que pour rendre à la souveraine Majesté des hommages volontaires et dignes de mérite ? Pouvions-nous ignorer que le Dieu du ciel est le Dieu des armées; qu'il inspire la crainte et l'épouvante; qu'il donne le courage et la bravoure, quand il veut et comme il veut, et toujours dans des desseins dignes de sa gloire? A lui seul appartient la victoire; il l'arrête et la fixe à son gré; peu lui importe le nombre et la force des combattans.... Le jeune David terrasse et défait le fier Goliath; la faible Judith emporte, triomphante, la tête d'Holopherne; cent Israélites font mordre la poussière à dix mille ennemis; *centum de vobis decem millia.* Nous devions en conclure que la raison ne doit pas servir à l'homme pour établir des règles ou étendre ses droits, mais pour les connaître et les suivre. La loi du plus fort n'a donc jamais existé parmi les êtres raisonnables; elle ne peut être que le partage des bêtes féroces qui habitent les forêts !...

Mais qu'entends-je? que vois-je? LOUIS XVI est prisonnier au milieu de son peuple ! *Monsieur* est gardé à vue dans le Palais du Luxembourg.... On refuse à nos Princes un Prêtre catholique pour faire la Pâque en 1791.... L'Assemblée nationale s'est arrogé tous pouvoirs, même ceux de Mahomet: *Crois, ou je te tue;* elle constitue une Religion nouvelle!.... Où en sommes-nous, mes Frères ? allons-nous, d'un vol orgueilleux, monter sur les nues et détrôner le Roi des Cieux ! Tremblons à l'horrible sentence qui foudroie *Lucifer* et le précipite dans le fond de l'abîme ! *Verumtamen ad infernum detraheris, in profundum laci.* Nous précipiterons-nous à force

de déraisonner , dans le fanatisme grossier des ido-
lâtres ? Nous ferons-nous des Dieux à notre gré ?
Tout sera-t-il Dieu pour nous , excepté Dieu même ?
Non , mes Frères ; notre erreur est plus incom-
préhensible encore ; notre fanatisme est une véritable fureur : on n'entend plus qu'un cri désespé-
rant d'un bout de la France à l'autre ; on ne veut
plus de maître , *non serviam ;* on ne veut *ni Nobles,
ni Prêtres , ni Rois , ni Dieu !....*

Que feront nos Princes dans cette horrible con-
joncture ? Le grand Roi *David* leur a tracé la route :
assiégé dans Jérusalem par son fils *Absalon ,*
suivi d'un nombre formidable d'hommes de toutes
les classes qu'il avait trompés , égarés , il dit au petit
nombre de ses troupes fidèles : *Surgite , fugiamus ;*
sauvons la ville par notre fuite ; ce serait témérité de s'opposer à ces peuples ameutés et furieux ;
ce serait barbarie d'exposer au fer et au feu une
bonne ville , une grande population , les innocens
vieillards , les mères et les enfans ; d'ailleurs , évitons
à mon fils un crime abominable , *le parricide.....*
En conséquence , *Monsieur* offre à son Frère , à son
Roi , de partir avec lui , ou de rester ensemble pour
courir les mêmes dangers et subir le même sort. Le
Roi en décide autrement: il prendra la route de Luxembourg , et *Monsieur* se rendra par *Mons.*

Soldats qui m'écoutez , vaillans Capitaines , Vainqueurs de *l'Espagne rebelle ;* que n'étiez-vous avec
Louis XVI ? Vous le sauviez *à Varennes;* et en sau-
vant le Roi , vous sauviez notre malheureuse Patrie !

Quelle profonde douleur pour le cœur généreux de *Monsieur*, quand il apprit la perfidie de *Varennes !* Il voit son Roi captif, malheureux ; il entrevoit la France coupable et punie ! Elle gémira dans un dur esclavage que les factieux appellent *liberté ;* elle sera déchirée par plus de cinq cents tyrans, et elle prépare un échafaud à son Roi qui faisait son bonheur ; elle se soumettra au sceptre de fer d'un étranger qui dévorera ses enfans ; car il n'élèvera ses trophées que sur des monceaux de Français : et elle repousse la main de son père, le cœur de ses amis, les armes de ses libérateurs !... Non, non ; jamais un Bourbon ne saurait se faire à cette effroyable perspective ! *Monsieur* veut revenir à *Paris,* offrir sa vie pour la vie de son Roi, ou boire le calice jusqu'à la lie avec son Frère, et la Reine et le Dauphin, et l'immortelle Elisabeth, et cette Héroïne du Temple dont le nom est au-dessus de tous les noms.... Mais Louis XVI, aussi généreux, voudrait être seul à souffrir : il ordonne à *Monsieur* de rester chez l'étranger, loin de sa famille ! O grand Prince, ô Louis XVIII, recevez ici un nouvel hommage ! Vous possédiez la véritable vertu ; on ne vous rend justice que lorsque vous n'êtes plus ! On vous a calomnié ; on vous a dit *philosophe ;* on a osé dire.... Et que n'a-t-on pas osé contre votre auguste Famille ! On a osé vous accuser d'avoir lâchement abandonné votre Roi ! Ame vraiment grande, vous souffriez plus que nous tous ; vous souffriez de nous voir souffrir ; vous souffriez de ne pas souffrir parmi nous !

Monsieur, en quittant la France, avait emporté pour trésor une image de la *Sainte Vierge Marie,* Mère de J. C., refuge de tous les Chrétiens, Patronne de la France. (Voilà une preuve convaincante de *sa philosophie !*) Il la supplie, il la conjure de se montrer la Mère des Français. Mais le Ciel irrité contre l'Europe entière, refuse le miracle. Il veut punir les Rois par les Peuples, les grands par les petits et les petits par eux-mêmes.

Notre auguste Prince attend tout du Ciel, mais sans être téméraire ; il emploiera avec prudence les moyens humains : il convoque les Puissances de la terre. Il avertit les Rois des maux qui les menacent. La cause de LOUIS XVI était leur propre cause, et le mal du Peuple français était un incendie qui devait consumer tous les Peuples. Il avait tant médité la profonde pensée de Montesquieu : *un Roi sans Religion est un tigre qui dévore ;* que sera-ce qu'un *Peuple-Roi,* sinon une bande de tigres affamés, dont la rage insatiable déchirera et dévorera tout ce qu'ils pourront rencontrer ?

A peine les avis de *Monsieur* sont-ils écoutés : on ne prend que des demi-mesures ; on fait de fausses démarches ; on signe des trèves partielles ; on contracte des alliances honteuses ; .... on compose avec l'ennemi commun.... *Monsieur* est abandonné ; on lui défend de prendre aucun titre ; on le relègue comme un simple particulier ; on lui tolère de prendre le nom de *Comte de Lille*, et d'aller chercher une hospitalité précaire partout où il voudra, *excepté en France !*

Quelle humiliation pour un Prince ! quel cruel déchirement du cœur d'un Bourbon qui aima toujours les Français ! Dites-nous, ô fidèle Vendée ! parlez, vous Puissances étrangères, Espagne, Italie, Bavière, Belgique, Prusse, Autriche ! n'est-il pas vrai que la cause de LOUIS XVI était la cause de tous les Rois ? Et vous, provinces désolées, théâtre de tant de guerres, Alexandrie, Moscou, Wagram, Friedland, Mont-Saint-Jean ; dites-nous si le malheur d'un peuple révolté n'emporte pas dans sa ruine tous les peuples qui l'environnent !

On a pourtant, direz-vous, admiré partout des prodiges de valeur ; on a compté de part et d'autre des retraites si habiles qu'elles l'emportaient sur le mérite d'une victoire ; on a vu de jeunes héros se mesurer avec honneur et rivaliser avec gloire contre de vieux et vaillans Capitaines..... Eh oui, mes Frères, mais pour résultat comptons tous nos morts, et soyons forcés de l'avouer avec la vraie philosophie : c'était là le théâtre des vengeances divines sur les peuples et sur les Rois !

O magnanime LOUIS XVIII ! si on vous eût écouté, votre prudence étouffait l'hydre dans son antre, et votre amour pour la France aurait sauvé l'Europe ! Mais non ; il est arrêté dans les conseils du Très-

Haut que nous nous porterons encore à nous-mêmes de plus terribles coups. Pleurez sur notre sort, ô bon Prince ! nous ne méritons pas que votre main paternelle vienne tout à l'heure répandre sur nos plaies le baume salutaire!....

Le crime exécrable de 1793, le parricide est consommé!... Admirons le Roi-Martyr;... vénérons cet Enfant-Roi que la haine pour la royauté a immolé sur les marches du Trône.... Que vous êtes heureuse, victime innocente ! vous n'avez éprouvé que pendant quelques jours le malheur de votre auguste Père , *le malheur d'être Roi*; et déjà vous partagez la gloire de son martyre !

Ici, mes Frères, commence le règne de LOUIS XVIII ; il est frère aîné de LOUIS XVI , premier oncle de LOUIS XVII ; seul il a droit à la couronne ; il est proclamé par nos Princes , reconnu par les hautes Puissances ; il règne déjà dans le cœur des bons Français qui gémissent d'être encore si éloignés de leur père.... Il est reconnu par Bonaparte lui-même , qui ne régna sur nous que par la violence : *on l'admira souvent, toujours on le craignit, on ne l'aima jamais.* Or, qu'importe qu'Absalon commande à *Jérusalem* , tant que la force l'y soutient ? David errant , éloigné de son peuple , n'en est pas moins le seul et vrai Roi de Juda.

Reconnaissons ici , mes Frères, avec la légiti-mité , la patience et l'amour de notre grand Mo-

narque ; il désire faire cesser nos maux , ou les souffrir avec nous. Il écrit au Général Charrette : « *Dites à
mon peuple , combien je les aime ; ils trouveront
en moi , moins un Roi qu'un père....* » « *Je vous
donne un rendez-vous au centre de mon Royaume,*
mande-t-il au Prince de Condé ; *quel bonheur pour
eux , quel plaisir pour moi !* » Non , non , ô mon
Prince , vos vœux ne seront pas sitôt accom-
plis ; vous aurez à parcourir les stations douloureuses de *la terre déserte ,* avant d'entrer dans *la
terre de promission.* Sortez promptement de *Vérone ,* quittez même l'Italie ; les Rois coalisés le
commandent.... Français, admirez votre Roi ! « Je
» ne quitterai Vérone qu'à deux conditions : qu'on
» m'apporte le livre d'Or , et que j'y efface de ma
» main le nom de ma famille ; qu'on me rende
» l'épée de mon aïeul HENRI IV ; vous n'êtes pas
» dignes de les conserver. »

LOUIS XVIII se rend à l'armée de Condé : quel
noble enthousiasme quand un Français est auprès
de son Roi ! Ce bon Prince voulait être à la tête
de ses troupes , marcher en avant , et seulement se
montrer à l'armée de la France : *Qu'ils voient ,*
disait-il , *mon panache blanc , qu'ils entendent ma
voix ; ils connaîtront mon cœur , ils recevront
leur père....* Pichegru le reconnut et lui jura fidélité.

Oui , mes Frères , si toute l'armée qui couvrait
la France, cette belle armée qui exécra toujours le
21 janvier , cette armée qui battit si glorieusement

et en mille rencontres toutes les troupes alliées ; si cette noble armée avait été libre d'écouter Louis XVIII, de le voir ; je n'en doutai jamais, elle aurait sauvé la France en ramenant dans Paris le Père des Français. Mais non, ô mon Dieu, votre justice n'est pas satisfaite ! vous voulez encore punir les plus grands coupables ! Retirez-vous, grand Prince, éloignez-vous de nos frontières ; et vous, braves Chevaliers, dignes du nom qu'avaient mérité vos aïeux, qui vous réjouissiez de nous amener en triomphe notre Père commun ; éloignez-vous, dispersez-vous, sortez des villes, fuyez les chemins larges et spacieux ! L'ange exterminateur va passer ; voici l'heure de la colère du Ciel méprisé contre la terre orgueilleuse et superbe. Dans un instant, tous les Trônes sont ébranlés, les Rois mis en fuite !... De nouveaux Rois s'élèvent ! les peuples vaincus et les peuples vainqueurs sont tous ébahis, consternés !... O Providence divine ! c'est par un miracle continuel que vous conservez Louis XVIII et ses véritables amis, pour le bonheur de la France.

Notre Roi se retire à *Dillingen*. Là un vil assassin décharge une arme à feu contre lui et le blesse à la tête ; le sang coule. Au bruit fatal, les amis fidèles accourent ; au sang qui ruisselle, chacun est morfondu. *Rassurez-vous, mes amis*, dit le bon Prince ; *ce n'est rien, je suis encore debout....* Mais, Sire, une demi-ligne plus bas !... *Eh bien : une demi-ligne plus bas, le Roi de France se nommerait* CHARLES X ! Quel sang-froid, quelle force au milieu de tant de fatigues et malgré tant de dangers !...

LOUIS XVIII n'eut permission que de rester quelques jours à Blankembourg, delà il se rendit à Mittau. C'est dans cette station qu'il put prendre quelque repos ; c'est là qu'il reçoit deux bien vives consolations : il y trouve *des prisonniers français.* Comme il leur marque sa tendresse ! comme il les console dans leur douleur ! comme il les aide par ses largesses ! Son aumônier y meurt en les soignant. C'est là encore que la Captive du Temple est rendue à son Roi ! Qui pourrait peindre les émotions tendres et douloureuses à la fois de cette première entrevue ! Après tant de malheurs, quelle joie plus pure que de revoir sa famille ! Mais, ô Famille auguste, Dieu vous visite encore par ses rigueurs. Sortez de Mittau, l'ordre est intimé ; c'est un 21 janvier, jour de funeste mémoire, jour des sublimes vertus des Bourbons !

Notre bon Roi vient s'établir à Varsovie avec ses Enfans adoptifs, pleurant toujours ensemble sur les maux de la France. C'est là que Bonaparte lui écrit par le cabinet de Berlin, et lui offre des indemnités considérables en Italie et une brillante fortune, s'il veut renoncer à ses droits sur la Couronne de France.

Français, jugez par la réponse de LOUIS XVIII, si d'autres qu'un Bourbon, sont dignes de régner

sur nous ! « Je ne confonds pas M. Bonaparte
» avec ceux qui l'ont précédé. J'estime sa valeur
» et ses talens militaires ; je lui sais gré de plu-
» sieurs actes d'administration ; car le bien qu'on
» fera à mon peuple, me sera toujours cher. Mais
» il se trompe, s'il croit m'engager à transiger sur
» mes droits. J'ignore quels sont les desseins de
» Dieu sur moi ; mais je connais les obligations qu'il
» m'impose. Chrétien, je les remplirai jusqu'à mon
» dernier soupir ;...... fils de S.t Louis, je saurai
» comme lui me respecter jusques dans les fers ; ....
» successeur de François I.er, je veux du moins
» pouvoir dire avec lui : Nous avons tout perdu,
» fors l'honneur..... »

Mais, mon Prince, que deviendrez-vous ? on va
vous refuser tout secours ; vous ne pouvez plus
rester ici...... *Je plains*, dit le grand Roi, *les
Rois qui me renvoient de leurs états. Je n'ai
jamais craint de manquer de pain. Qu'on me
laisse rentrer en France ; les Français m'en don-
neront !*

Que ces expressions sont honorables pour nous,
mes Frères, en nous dépeignant la grande âme
de LOUIS XVIII ! Comme il nous aimait ! comme
il se persuadait que nous l'aimions ! Pourtant un
nouvel assassin attente encore à ses jours. On
s'efforce de gagner par argent un vieux domes-
tique, pour empoisonner le Roi. Le poison est
accepté ; mais le serviteur fidèle à Dieu, sera fidèle

à son Roi : il le lui présente à découvert.... Le Roi le fait reconnaître par des hommes de l'art, et dit : *Je ne crains pas le fer, mais j'ai horreur du poison qui ferait périr avec moi ma Famille et mes serviteurs.....* Voilà, Chrétiens, le vrai caractère d'un Roi; il pense plus aux autres qu'à lui-même.

LOUIS XVIII est forcé de quitter Varsovie ; on lui permet de rentrer une seconde fois à Mittau ; mais des ennemis féroces l'y poursuivent. Peu s'en fallut qu'il ne fût consumé par le feu..... Il n'a plus où reposer sa tête sur le continent. Dieu veut faire admirer ses sublimes vertus jusques dans les îles. S. M. se rend en Angleterre, à Hartwel, sa dernière station.

C'est là, mes Frères, que notre bon Roi médite et prépare tous les moyens de nous rendre la paix et d'assurer notre bonheur. Nouveau Josué, il converse avec Dieu pour passer le Jourdain et prendre possession de la Terre promise. *Transi Jordanem, confortare, noli timere, quoniam tecum est Dominus Deus tuus.*

Il fut donc grand dans l'infortune, ce Monarque chéri que nous pleurons !

Nous le verrons aussi grand sur le Trône.

2.°
ouis xviii, grand sur le Trône.

Oui, il est vraiment grand, celui qui se rapproche de la bonté, de la sagesse et de la force de Dieu, autant qu'il est possible à l'homme ; les payens eux-mêmes en étaient si convaincus, qu'ils faisaient de leurs héros autant de Dieux. Que diront donc sur feu notre Roi, des Chrétiens qui désirent le suivre dans les Cieux ? Ah, mes Frères ! si un Roi légitime est, suivant la belle expression de Bossuet, *une seconde Divinité sur la terre, parce qu'il en est le Ministre et le Représentant,* nous dirons tous avec reconnaissance : LOUIS XVIII a été pour nous, d'une manière particulière, cette Divinité bienfaisante.

O bonté de notre Roi, vous avez gagné nos cœurs ! ô force, ô sagesse, vous avez conduit la France avec douceur et sans commotion, au but unique que peut se proposer un grand Roi, un Roi très-chrétien : à la gloire de Dieu et au bonheur de son peuple ! Oui, il fut bon, notre Roi, et d'une bonté toute divine ; d'une bonté sans crainte et sans partialité ; d'une bonté sans faiblesse et sans ostentation ; d'une bonté enfin propre à sa Famille ; d'une bonté toute paternelle et vraiment Royale. Qui de nous, mes Frères, ne l'a pas éprouvée ? et s'il en était qui l'eût méconnue ou calomniée, qu'il entende et qu'il juge !

David, encore hors de sa capitale, apprend la triste mort d'Absalon ; il pleure amèrement ce fils quoique rebelle, et il fait dire à *Amasa*, le chef des révoltés : N'êtes-vous pas un de mes os, n'êtes-vous pas ma propre chair ? Faites connaître à

mon peuple que vous égarez, que je les aime comme
mes frères : *Nonne os meum et caro mea es....
fratres mei vos ; quare novissimi reducitis Regem ?*
Pourquoi vous révoltez-vous contre votre Roi ? Ah !
venez au plutôt rechercher votre père ! David ne
tarda pas à rentrer dans son royaume : il pardonne
à Semeï, un des chefs de la rébellion, qui s'humilie en sa présence, et il rend toute sa confiance
au général Amasa qui lui rend les armes......
Français, glorifions-nous ! LOUIS XVIII a surpassé
le grand Roi de Juda ! Combien, en effet, il a
pleuré d'Absalons ;.... tant de braves qu'on avait
égarés et qui ont succombé au milieu même des
plus brillantes victoires ! A combien d'Amasa il a
rendu leurs armes et sa confiance ! Il écrit à l'Em-
pereur de Russie : « Le sort des armes vient de
» faire tomber 150,000 hommes dans les mains de
» votre Majesté Impériale : la plupart sont Fran-
» çais ; peu importe sous quels drapeaux ils ont
» servi ; ils sont malheureux !.... je ne vois parmi
» eux que mes enfans ; je les recommande à la
» bonté de votre Majesté ; qu'elle daigne consi-
» dérer combien ils ont déjà souffert ; .... qu'elle
» daigne adoucir la rigueur de leur sort ! » « Partez
» pour la France, dit-il à M. de Blacas, et dites
» à mes sujets que *j'oublie leurs erreurs* ; je veux
» récompenser les services, étouffer les ressenti-
» mens, légitimer les rangs, consolider les for-
» tunes ; en un mot, faire passer mon peuple
» *paisiblement*, des calamités et des alarmes pré-
» sentes, au bonheur et à la sécurité à venir ! » Ah !

mes Frères , quelles sublimes paroles ! n'ont-elles pas été aussitôt réalisées par les actions les plus héroïques ?

Louis XVIII débarque à Calais : il court à l'église; *le Ciel, après vingt ans d'absence, me rend à mes enfans ; allons remercier Dieu dans son temple.* (Josué l'avait fait sur un autel de pierre, au passage du Jourdain.) Louis le Désiré rentre enfin dans Paris ; tous les Français reconnaissent leur père. On ne parle plus de crimes ; on oublie les erreurs ; les services sont récompensés ; les rangs sont conservés, légitimés; les fortunes consolidées;... tous les Français sont frères!.... Le père a retrouvé ce fils chéri qu'il avait perdu ; il lui rend son anneau, son uniforme. Il fait un grand festin pour témoigner sa joie ; tous les Français y sont invités : c'est le repas de la grande famille!.... Qui oserait s'en scandaliser? qui ose en murmurer? Est-ce parce que notre Père est bon, que nous serions méchans ? L'enfant qui n'a pas quitté son père, n'est-il pas assez payé en jouissant de sa présence ? N'avons-nous pas reconnu dans notre chère Patrie autant *de vrais Français de plus,* en y revoyant nos Princes ? Tout Français, quel qu'il fût, pouvait-il, dans son Roi, ne pas trouver un père ?

Mais, dites-vous, *il oublia des crimes* pour ceux même qui ne se repentent pas ! Français, portez la main sur votre cœur : que celui qui est sans faute, jette la première pierre. Chrétiens, qui êtes-vous pour juger vos frères ; *tu quis es qui judicas fratrem?* Quoi ! vous avez la témérité de juger votre Roi ? Dieu seul sonde les cœurs et les reins ; l'homme ne voit que les actions ; admirons la bonté de notre Père : il ne veut la mort d'aucun de ses enfans, il veut gagner le cœur de tous et qu'ils vivent ! Le pardon humilie celui qui le reçoit ; l'oubli de la faute est plus généreux : c'est *la grâce entière et sans aucune affliction* pour la personne offensante, déjà assez humiliée d'avoir été coupable. Dieu lui-même se glorifie de cette bonté. L'impiété ne nuira point à l'impie, s'il revient à moi ; revenez, pécheurs, et j'oublierai vos péchés : *impietas impii non nocebit ei.... peccatorum tuorum non recordabor.* Is. 4. 3. Je me souviendrai seulement que vous êtes des hommes faits à mon image, et que je suis le Seigneur votre DIEU ; *vos homines estis.... ego Dominus Deus vester.* De même, LOUIS XVIII, dans tous les rangs, dans toutes les conditions, *n'a vu que des Français !* Bonté admirable, vous avez fait notre bonheur jusqu'au trop fameux *vingt mars !*

Je n'en parle ici, Chrétiens auditeurs, que pour exalter encore la bonté de notre Roi, et manifester sa haute et profonde sagesse !

Tel qu'un pilote habile, au milieu de la tempête la plus horrible, dans les épaisses ténèbres de la nuit, sait par une prudente manœuvre, éviter les écueils et arriver au port ; tel encore qu'un homme grave et vénéré apaise et dissipe une populace mutinée qui se dispute à grands cris, sans que chacun sache ce qu'il veut ou ne veut pas, *si fortè virum quem ;* tel enfin qu'un savant médecin, par des remèdes puissans, arrête, détourne, éteint la fureur d'un malade qui se déchire et veut se donner la mort.... ainsi avait paru LOUIS XVIII au milieu de son peuple. Les ennemis s'enfuient, quand le Maître est rentré dans sa maison du Louvre ; son Sceptre paternel conjure tous les orages ; la paix est faite avec toutes les Puissances ;.... toutes les dettes sont payées, même les folles dépenses de l'enfant prodigue !... partout la France inspire la confiance, elle regagne son *vieux crédit,* son commerce reprend son cours et unit les deux Mondes !... O profonde sagesse du meilleur des Rois ! voilà tes premières merveilles *sur le Trône !* mais tous les jours enfantent de nouveaux pro-diges !

Le Roi tient en main le sublime Testament de LOUIS XVI.... C'était son frère, c'était son Roi !... Il le présente à la France ; il en veut remplir litté-ralement les clauses.... Depuis long-temps il mé-ditait sur les causes les plus éloignées des terribles secousses des Etats qui ébranlent et renversent les Trônes, affligent et tuent les peuples ; il n'imitera pas la coupable imprudence du malheureux Roboam, qui oublia la sagesse de Salomon pour suivre les avis téméraires de jeunes conseillers intrigans, qui veulent tout pour eux et méprisent les autres ;

Louis XVIII veut asseoir son Trône et la prospérité de la France sur des bâses immuables : il consulte les anciens ; il prend surtout conseil de Dieu lui-même : *congrega mihi septuaginta viros de senibus Israel, ut sustentent tecum onus populi, et non tu solus graveris ;* choisis, avait dit le Seigneur à Moïse, soixante-dix des plus graves et des plus vertueux hommes d'Israël, pour qu'ils t'aident dans le gouvernement du peuple que je te confie ; les rois de Juda avaient par la suite divisé ce conseil auguste en deux tribunaux, que nous pouvons appeler *nos deux Chambres.*

De-là ce livre enchanteur qui concilie tous les esprits, réunit tous les cœurs, qui assignant à chacune des Chambres ses prérogatives et ses obligations, forme pour toujours le doux lien, le lien indissoluble du Roi à son peuple, des enfans à leur père, des Français aux Bourbons. Ce livre qui a trouvé quelques *contradicteurs,* qui peut-être ont confondu la tolérance civile et la tolérance théologique, est le plus beau présent d'un Roi de France aux Français ; c'est le Testament de Louis XVIII ; c'est la sagesse royale ; c'est *la Charte.*

Nous l'éprouvions déjà, mes Frères... nous goûtions la douceur de la paix après de longues et douloureuses fatigues !.... Ah! que voyons-nous ? qui pourrait désormais troubler notre repos ? Quelque phénomène nouveau, inattendu ; par exemple, un monstre marin qui paraît sur la terre, pourra pour un moment occuper nos esprits , diviser même nos opinions ; mais est-il rien au monde qui puisse aigrir nos cœurs , quand nous vivons sous un BOURBON ?

Hélas , vous le savez , mes Frères ! l'homme de péché reparaît en France ; il s'avance avec fierté en bravant ses sermens ; c'est l'ennemi , *inimicus homo hoc fecit,* qui sème l'ivraie dans le champ du Père de famille nouvellement défriché !... Qui le croirait après nos sermens de fidélité à LOUIS LE DÉSIRÉ : l'ivraie menace d'étouffer le bon grain !... Bonté , sagesse royale , changez-vous en justice et en force !

Notre auguste Monarque se repentira-t-il d'avoir été si bon ?.... Non , non , jamais un père ne peut s'affliger d'avoir aimé ses enfans ; mais à la tête de ses serviteurs fidèles , il chassera les ennemis de sa famille , et recherchera avec tendresse à ramener ceux de sa maison qui semblaient oublier ses bienfaits ! LOUIS XVIII voudrait combattre en personne les ennemis de la France !.....

Grand Roi , vous êtes pour nous plus que David : il est essentiel au salut de la Patrie , que nous vous mettions hors de danger : *melius est ut sis nobis in præsidio !* Nous vous en conjurons : montez sur la montagne , éloignez-vous encore des enfans qui vous chérissent , et laissez peser sur eux , dans la plaine , toute la charge du combat. Nous combattrons pour nous en combattant pour vous... Nous ne vous demandons que cent jours ! ce délai paraît long à votre cœur qui nous aime, mais il est nécessaire pour le bonheur de tous. Guidés par des héros, vos enfans, nos Princes, aidés par nos voisins que notre cause intéresse *fortement*, nous vous répondons de la victoire....

Quelle grandeur d'âme, quelle force dans notre Roi, pendant et après cette guerre *éphémère*, à la vérité, mais horriblement *sanglante*, mais épouvantablement *désastreuse !*

A peine l'ennemi des Français, qui nous avait en quelque sorte *ensorcelés*, a-t-il disparu de dessus le continent, LOUIS XVIII essuie nos pleurs et guérit tous nos maux.

D'abord il étend le royaume de Dieu, il donne à tous les peuples, il nomme à tous les Evêchés des Pasteurs, nouveaux Apôtres qui réveillent la foi en Jésus-Christ. Religion sainte, toi seule, même dès cette vie, fais le bonheur de. l'homme !

2.° Il établit ces Cours royales, ces Tribunaux inférieurs et non moins importans, où des magistrats intègres, *vraie loi vivante*, font reculer le vice, et enhardissent la vertu en rendant justice à chacun.

3.° Il s'occupe avec zèle des générations à venir. Un père plante pour ses enfans. Il réforme ou *il casse* avec vigueur ces écoles modernes où le vice est en honneur, la morale méprisée, la Religion moquée, la rébellion à l'ordre du jour. Il rend aux Evêques le libre exercice de leur juridiction divine, *euntes docete*; chaque Prélat, dans son diocèse, veillera sur l'enseignement primaire, et surveillera les maîtres et les écoliers des autres colléges qui sont confiés *spécialement* à la garde du Grand-Maître, un des illustres Pontifes de l'Eglise de France, aussi distingué par son profond savoir que par sa haute piété.

4.° Il crée une armée prodigieuse, *vraiment française* et *vraiment royale*; il la compose de jeunes et de vieux Capitaines, de vieux et de jeunes Soldats qui n'ont plus qu'un cœur et qu'une âme; leur sang bouillonne pour la Patrie; leur cœur et leurs bras sont au Roi, comme leur âme est à Dieu.....

La voilà remplie, cette parole divine à Josué : *transi Jordanem, et confortare* : Dieu est avec notre Roi.... Ne l'avez-vous pas admiré, mes Frères, cette force royale dans les troubles partiels de Grenoble, de Strasbourg, de Paris, de Saumur, qu'ont sus-cités à notre bon Roi un petit nombre de rebelles, vrais enfans de Satan, qui ne se plaisent que dans la rage de l'enfer. On les irrite en leur faisant du bien. Plaignons-les, mais ne les craignons plus. Tout l'univers connaît la force de la France guidée par un Bourbon : elle a été solennellement publiée depuis la Bidassoa jusqu'aux colonnes d'Hercule, par le premier coup de canon du Général Vaslin et la dernière victoire du nouveau *Chevalier sans peur*, de ce digne descendant d'HENRI IV, de Monseigneur le Dauphin : en prenant l'imprenable Trocadero, ... il a noyé pour jamais, et *au nom du Roi*, le génie malfaisant des révolutions.

Disons-le donc avec vérité comme avec gloire, par l'expression même du Saint-Esprit, *consummatus in brevi explevit tempora multa :* que de choses et quelles choses a faites LOUIS XVIII, et en si peu de temps ! qu'il a été *grand sur le Trône !*

Rendons-lui nos derniers hommages à son lit de mort : c'est le dernier théâtre de ses grandes vertus ; c'en est comme le creuset et le dernier sceau.

3.° Enfin nous arrivons où tout doit arriver ! Chré-
LOUIS XVIII, tiens auditeurs, nous arrivons où tout finit : *Sta-*
grand à son *tutum est hominibus semel mori.* Du Trône, ô mon
lit de mort. Roi, descendez au tombeau, le Roi des rois l'ordonne ! Quoi, mes Frères, les rois eux-mêmes sont sujets à la mort ! Ecrions-nous donc tous les jours de notre vie, avec le plus sage et le plus savant des rois (Salomon) : *Vanitas vanitatum, et omnia vanitas ;* vanité des vanités, ici-bas tout n'est que vanité ! Longue prospérité, richesses, beauté, santé, force, honneur, gloire militaire, sublime éloquence, noms vénérés, savoir immense, vaste génie ;... tout n'est que fatigue du corps et affliction d'esprit, tout n'est que vanité : *vanitas vanitatum !*

Ils ne sont plus, ces guerriers fameux, ces superbes conquérans qui firent taire la terre devant eux; ces hommes illustres dont souvent on admira les talens, dont on redouta toujours la force; ces hommes, en un mot, que définit si énergiquement l'incomparable Bossuet, *ces grands ravageurs de provinces;* ils ne sont plus, *transierunt cum sonitu;* ils ont fait quelque bruit en passant.... leurs noms, à la vérité, figurent encore dans l'histoire; mais hélas! leur histoire passera sans qu'on y pense, *transivi et ecce non erat.* Ils ne sont plus, ces auteurs téméraires, ces écrivains mille fois trop célébrés; ils ont voulu hâter les siècles, ils ont hâté la mort. Ils avaient détrôné LOUIS XVI avant qu'il fût Roi; ils ont ensanglanté son Trône;... ils ne sont plus; ils rugiraient aujourd'hui de nos triomphes : nous sommes forcés d'applaudir à leur honteuse défaite. Mais pensons-y; détruisons leurs ouvrages avancés; qu'ils périssent avec eux! Brûlons, brûlons leurs livres pestilentiels, qui nous donneraient une seconde mort plus longue et plus affreuse que la première.... Qu'ils ne soient plus!

Ils ne sont plus, ces Rois magnanimes, ces Rois pieux et saints, ces vrais Pères du Peuple, ces premiers Chevaliers français, ... ils ne sont plus! Je me trompe ici, mes Frères; nous vivons encore de leurs bienfaits; *in memoria erit Justus.* Leurs vertus, leur vaillance passent avec leur autorité dans la personne auguste du Successeur légitime ; c'est une propriété de famille : CHARLES X est là.

Homo verò, cùm mortuus fuerit, ubi, quæso, est? Mais que sont devenus tant de morts? Demandez-le, mon cher auditeur, à nos philosophes modernes, à nos athées, à *ces esprits forts qui ne veulent point d'âme*, à tous nos incrédules enfin, quel que soit le nom dont ils s'honorent, quelle que soit la couleur qui les pare : ils vous répondront hardiment : Dieu n'est qu'un mot, la vertu est un préjugé ou une faiblesse, le vice est un besoin ou un caprice de l'homme ; l'homme lui-même n'est qu'un amas de poussière. Ainsi l'homme à la mort est anéanti comme la bête ; il n'y a plus de différence entre le Général d'armée qui commande le combat, dirige l'action, remporte la victoire, et l'orgueilleux coursier que le même coup frappe et détruit. L'homme bon n'a rien qui le recommande au-dessus de l'homme méchant. Confondez Antonin, Marc-Aurèle avec Néron, Héliogabale ; LOUIS XVI est égal à ses bourreaux ; les Saints ne valent pas mieux que les démons ! .... *Eò quòd universa æquè eveniant justo et impio.*

Ah ! Chrétiens mes Frères, ces abominables conséquences vous font horreur ! ayez donc horreur du principe d'où elles partent, du système qui les produit ! Reconnaissez donc avec l'Orateur romain, que tout homme qui vit sans religion est un mauvais citoyen ; que quiconque se déclare contre Dieu

est l'ennemi des hommes; il les pilera dans un mor-
tier, s'il y voit son intérêt.

Que nous sommes heureux, mes Frères! la religion de nos Rois, la foi de S.t-Louis seule, nous
enseigne la vérité et pour le temps et pour l'éternité !

Non, non, l'homme ne meurt jamais tout entier.
Notre âme, pur esprit dégagé de toute matière,
vraie image de la Divinité, vivra autant que Dieu
même; *vivet in æternum...* La mort frappe nos corps
pour quelque temps, et l'âme, toute seule d'abord,
commence une autre vie qui ne finira plus. Aussi,
dit Tertullien, notre mort est plutôt un passage
qu'une véritable mort, *transitio est quam putas
vitam,* comme toute notre vie n'est qu'un voyage,
dies peregrinationis meæ.

C'est à ce terrible passage, selon la belle expression de Job, que Jésus-Christ, le Souverain Juge,
saisit l'homme ou juste ou impie; qu'il porte sur
chacun d'eux la sentence de justice, suivant leurs
œuvres; *opus enim hominis reddet ei, et juxtà
vias singulorum restituet eis.* Que les bons atten-
dent donc la récompense ! que les méchans craignent
les châtimens qu'ils ne pourront fuir ! Ce dogme
consolant est né avec l'homme, parce que l'homme
lui-même est né pour l'éternité. Aussi le paganisme
même n'en douta jamais, malgré ses grossières
erreurs, témoins ses Champs Elysées et son noir
Tartare.

N'attendons pas , M. T. C. F. , le moment de descendre dans la tombe , pour apprendre que tout l'homme , sa vraie gloire , sa noblesse , sa grandeur consistent uniquement à craindre Dieu , et à observer sa Loi : *Deum time et mandata ejus observa ; hoc est enim omnis homo.* C'est à ces principes que nous devons les hautes vertus de LOUIS XVIII... Marchons à sa suite ; jusqu'à son dernier soupir , il nous enseignera le chemin de l'honneur.

Instruit de notre sainte Religion , notre grand Monarque mit sa principale gloire à en faire les œuvres ; jamais il ne rougit du signe auguste de la Croix ; toujours il écouta Jésus-Christ lui-même en écoutant son Eglise : c'est sa première pensée quand il est Roi. Il écrit au Souverain Pontife ; il lui proteste respect , amour , vénération et soumission aux règles et décisions émanées de Rome ; il se glorifie d'être le Fils aîné de l'Eglise. C'est encore sa première pensée quand il prend possession de son Royaume : *Faites de tous vos enfans de bons Chrétiens , vous en aurez fait autant de bons Français.*

C'est sa continuelle et dernière pensée dans l'extrémité de sa vie : malade depuis long-temps , souffrant de cuisantes douleurs , il ne veut pas qu'on s'en aperçoive : *Un Roi peut mourir , mais il ne doit jamais être malade.* Ici , Chrétiens , quelle délicatesse de sentimens ! quel amour pour sa Famille ! quelle tendresse pour la France entière qu'il n'a jamais voulu affliger. Lui seul aidé de la grâce qu'il puise dans les Sacremens, veut souffrir tout seul dans son âme noble et forte qu'il recommande à toute heure à son Créateur : il est prêt à la lui rendre : *in manus tuas, Domine, commendo spiritum meum.*

La cruelle mort étend déjà son crêpe : notre bon Roi ne craint pas ses coups ; il demande avec courage à ses médecins, s'il est près de son agonie.

Il recueille ses forces ; il travaille avec ses Ministres : il prouve à tous les Français qu'il les aime jusqu'à la fin. Il accorde des grâces : c'est le dernier acte de son Gouvernement !

Nouveau Moïse qui se dépouillant de son autorité pour la laisser à Josué, monte sur la montagne et y meurt ; *allez, mon Frère,* dit l'auguste Mourant à son digne Successeur, *des affaires vous appellent, il me reste un devoir à remplir.*

Louis XVIII demande encore les Sacremens : c'est la force du Chrétien, c'est l'avant-goût du bonheur céleste. Il se purifie de nouveau dans le bain de la pénitence, *ampliùs lava me* ; il s'unit de plus en plus avec Jésus-Christ caché dans l'Eucharistie, qu'il espère voir bientôt *face à face ; veni, Domine Jesu ;* il reçoit l'Extrême-Onction qui détruit dans le malade les restes du péché. Nouveau Jacob, plein de jours et de mérites, il appelle ses enfans pour leur faire ses tendres adieux et leur donner sa bénédiction paternelle et royale, avant de retourner à ses aïeux où il espère un jour les revoir tous : *Vocabit autem Jacob filios suos, ... benedixitque singulis;... ecce congregor ad populum meum.*

Déjà le Ciel s'ouvre ! notre auguste Monarque y fixe ses yeux et son cœur ; c'est là qu'est son véritable trésor ! Il s'entretient d'avance avec la Ste Vierge, son S. Patron, et tous les Saints ; il s'appuie fortement sur leur protection, pour être présenté au Roi des Rois : *Subvenite Sancti Dei, offerentes animam meam in conspectu Altissimi.* Deux fois il fait réciter à cette fin les consolantes prières des agonisans ; s'il ne peut plus y répondre *tout haut,* au moins il les suit *mentalement* et sans manquer à aucun verset des psaumes : ... *Memento, Domine, David, et omnis mansuetudinis ejus ;.... hæc requies mea in sæculum sæculi ; hìc habitabo, quoniam elegi eam.* Accompagné de son gardien fidèle, du bon ange qui l'a soutenu dans l'infortune, qui l'a inspiré sur le Trône, qui l'assiste à son lit de mort, LOUIS XVIII cesse de régner sur la terre ; sa grande âme va régner dans les Cieux.

Ainsi a vécu, ainsi a régné, ainsi est mort le juste, le pieux, le grand Roi de France et de Navarre, LOUIS LE DÉSIRÉ, LOUIS XVIIIe du nom.

Français, mes Frères, efforçons-nous d'imiter ses vertus : LOUIS fut notre Père, remplissons ses vœux ! ne formons plus qu'*un peuple de frères ;* payons son amour par notre amour ;... aimons-le toujours, aimons-le dans CHARLES X, qui va consommer *son grand œuvre*; aimons-le dans sa généreuse Famille, qui le perpétuera d'âge en âge, jusqu'à la fin des temps. Les BOURBONS auront fait notre bonheur ici-bas, là-haut nous partagerons leur gloire! *Amen.*

FIN.

9 782012 850828